# VISITE

AU

# COLLÉGE ROYAL

DE CAEN.

Se trouve :

A PARIS,

Chez PICHON et DIDIER, quai des Augustins.

A ROUEN,

Chez les principaux Libraires.

CAEN. — IMPRIMERIE DE T. POISSON.

Collège Royal de Caen

# VISITE

## AU

# COLLÉGE ROYAL

### DE CAEN,

ANCIENNE ABBAYE DE S<sup>T</sup>.-ÉTIENNE,

FONDÉE DANS LE XI<sup>e</sup>. SIÈCLE

PAR GUILLAUME-LE-CONQUÉRANT.

A CAEN,
CHEZ MANCEL, LIBRAIRE, RUE ST-JEAN.

A PARIS,
A LA LIBRAIRIE CLASSIQUE DE L. HACHETTE, ANCIEN ÉLÈVE DE
L'ÉCOLE NORMALE, RUE PIERRE-SARRASIN, N°. 12.

1829.

DOM RIBARD,

Ancien Sous Prieur de l'Abbaye de St Etienne de Caen, Ancien Censeur du Collège royal de la même ville.

mort le 5 Octobre 1827, à l'âge de 74 ans

# ABBAYE

DE

## SAINT-ÉTIENNE DE CAEN.

### PREMIÈRE PARTIE.

#### L'ÉGLISE.

A mon départ de Vire, M. de ****, chez lequel j'avais reçu la plus aimable hospitalité, m'offrit le recueil de ses poésies. Ce souvenir d'un homme aussi distingué par son talent que par son caractère, me procura le plaisir de relire souvent en beaux vers l'éloge de ce charmant pays, et me dispensera d'en faire la description que j'avois projetée (1). Mais là ne se bornèrent pas les attentions délicates de M. de ****. Il me remit une lettre pour un de ses amis, M. ***, qui devait me continuer à Caen la même bienveillance. Je ne manquai pas de profiter de cette recommandation si précieuse en pays étranger. M. *** m'accueillit avec une cordialité parfaite. Il s'offrit pour m'accompagner lui-même partout où la curiosité pourroit me conduire. Je lui témoignai alors le désir de visiter avant tout les deux célèbres abbayes que fonda jadis Guillaume-le-Conquérant, et dont l'une avoit frappé mes regards d'assez loin sur la route par ses hautes tours

---

(1) Le *Donjon* et le *Val de Vire*, deux des plus jolis morceaux des *Études poétiques*, se font remarquer autant par la vérité des détails que par le sentiment noble et touchant qui les a inspirés.

et ses vastes bâtiments. C'est, me dit-il, l'*Abbaye aux hommes*, ou de *Saint-Étienne*. Rien ne m'est plus facile que de vous la faire parcourir. Je connois intimement un vénérable ecclésiastique, dom Ribard, ancien religieux du monastère, le seul qui y soit resté ou plutôt revenu après notre révolution. Il est attaché par un titre honorable au Collége royal; il se plaira, j'en suis sûr, à vous fournir tous les renseignements que vous pouvez désirer sur l'antiquité de ce bel établissement. Il n'en falloit pas davantage pour redoubler ma curiosité. M. *** s'empressa de la satisfaire : il me conduisit à l'Abbaye.

Lorsque nous entrâmes dans l'appartement de dom Ribard, nous le trouvâmes, un livre à la main, assis auprès de sa fenêtre, où il recevoit la douce chaleur du soleil couchant; c'étoit dans les derniers jours de septembre. Monsieur est Anglais, dit en me présentant mon aimable guide, et parcourt la Normandie afin d'en étudier les sites et les monuments. J'ai cru devoir compter sur votre complaisance pour lui faire connoître celui-ci, qui n'est pas un des moins dignes de fixer son attention. Notre amitié vous donnoit ce droit, répondit dom Ribard, et vous avez bien fait d'en user ; puis s'adressant à moi, je m'estime heureux, Monsieur, lorsque je trouve l'occasion d'obliger quelque habitant d'un pays où j'ai reçu une hospitalité si généreuse à une époque d'anarchie et de proscription. Sans les malheurs qui suivirent, cette Abbaye vous présenteroit un tout autre aspect (1), et j'aurois la satisfacfaction de vous y offrir autre chose que des documents historiques; mais nous devons adorer les desseins de la Providence, et je lui rends en particulier de continuelles

---

(1) M. l'abbé Daniel, proviseur, vient de faire commencer au Collége royal pour plus de 100,000 fr. de constructions nouvelles et de réparations, qui rendront à cet établissement une grande partie de son ancien éclat.

actions de grâces de ce qu'elle me laisse finir tranquillement mes jours dans cet asyle que j'avois choisi dès ma jeunesse.

A ces dernières paroles, les yeux du bon vieillard se remplirent de larmes, et il se manifesta dans tous ses traits une émotion profonde que son air vénérable rendoit encore plus touchante : ses cheveux blancs contrastoient avec d'épais sourcils bruns qui couvroient des yeux pleins d'une douce vivacité. Sa physionomie avoit quelque chose d'ouvert qui inspiroit dès l'abord la confiance; sa taille haute, sa voix forte, ses mouvements libres et dégagés annonçoient quelle avoit été autrefois sa robuste jeunesse. Je me disposois à l'interrompre afin d'éloigner ces souvenirs, lorsqu'il me dit : Vous savez peut-être, Monsieur, par quel motif Guillaume et Mathilde fondèrent les deux Abbayes de Caen ? Je crois avoir lu ou entendu dire quelque chose à ce sujet, lui répondis-je; mais ne craignez pas de me considérer sur ce point et sur tout le reste comme tout-à-fait ignorant : car j'attache le plus grand prix à apprendre de votre bouche des particularités que vous devez connoître mieux que personne. Alors il commença ainsi :

Guillaume, surnommé d'abord le Bâtard, comme étant fils naturel de Robert I$^{er}$., duc de Normandie, et ensuite le Conquérant, lorsqu'il se fut rendu maître du royaume d'Angleterre, avoit obtenu en mariage Mathilde, fille de Beaudouin, comte de Flandre (1056). Mais comme il l'avoit épousée sans autorisation canonique, malgré les liens de parenté qui existoient entre eux (1), cette union faisoit beaucoup de bruit et de scandale dans un temps où les lois de l'Eglise étoient strictement ob-

---

(1) Mathilde étoit petite-fille d'Adèle, sœur de Robert I. Le mariage n'étoit permis entre parents qu'à partir du septième degré.

servées : Guillaume encourut même l'excommunication, et, par un acte de sévérité ordinaire à cette époque, la province entière fut mise en interdit. Lanfranc, alors prieur de l'Abbaye-du-Bec, près de Rouen, qui, par ses vertus et ses lumières, s'étoit concilié la confiance et l'amitié du duc de Normandie, fut un des premiers à lui représenter la faute dont il s'étoit rendu coupable. Celui-ci, qui n'avoit pas eu l'intention de se soustraire à l'autorité de l'Eglise, au lieu de chercher des raisons pour excuser sa conduite, ne songea qu'aux moyens d'en réparer le scandale. Dans ce dessein, il résolut de s'adresser directement au St.-Siége. L'occasion étoit favorable : il se tenoit alors un concile à Rome, pour condamner les erreurs de Bérenger, archidiacre d'Angers, sur le mystère de l'eucharistie. Lanfranc, qui les avoit combattues avec autant de succès que de zèle et dans sa célèbre école et par de solides écrits, ne pouvoit manquer d'être accueilli favorablement. Guillaume le chargea de soumettre son affaire au souverain Pontife C'étoit Nicolas II qui avoit été élu cette année là même (1059). Sa sagesse lui fit apprécier la position délicate d'un prince qui ne pouvoit rompre une alliance contractée, sans déshonorer une des premières princesses de l'Europe, et sans s'exposer en outre au danger d'allumer la guerre entre la Flandre et la Normandie. En conséquence, il confirma le mariage par son autorité. Seulement, il imposa aux deux époux quelques satisfactions, auxquelles ils se soumirent avec joie. Elles consistoient en pieuses fondations, suivant l'usage de ces temps-là. Quatre hôpitaux, destinés à nourrir cent pauvres, furent établis dans les villes de Rouen, de Caen, de Bayeux et de Cherbourg. Guillaume fit en outre bâtir, avec une magnificence vraiment royale, cette Abbaye-ci, connue sous le nom de

St.-Etienne ou d'*Abbaye-aux-Hommes*, et Mathilde celle de *Ste.-Trinité*, appelée aussi *Abbaye-aux-Dames*, toutes deux de l'ordre de St.-Benoît.

Voilà, dis-je à dom Ribard, des détails qui m'encouragent à multiplier mes questions. Nous autres Anglais, nous sommes généralement très-curieux de tout ce qui regarde les antiquités, et surtout celles des pays qui, comme celui-ci, ont eu avec le nôtre des relations intimes. Pourriez-vous donc me dire à quelle époque précise de la vie de Guillaume se rapporte la construction de cette Abbaye; si elle fut commencée avant ou après la conquête de l'Angleterre ? Notre savant abbé De la Rue, que j'aurai plus d'une fois occasion de citer, me répondit-il, démontre fort bien par les chartes de fondation que ce fut immédiatement après la conquête et la même année ( 1066 ). Lanfranc, que Guillaume avoit nommé d'avance abbé du monastère, fut chargé d'en diriger la construction; mais ayant été bientôt élevé à l'archevêché de Cantorbery, ce fut Guillaume-de-Bonne-Ame, son successeur, qui continua les travaux, et ils furent terminés en 1077. On célébra avec une grande solennité la dédicace de l'église, le 13 septembre de cette année-là, en présence du roi Guillaume, de Mathilde, son épouse, de ses fils, de Lanfranc, de tous les évêques de la province, et d'un grand concours de seigneurs et de barons.

Indépendamment des donations particulières que ces derniers firent à l'Abbaye, Guillaume lui accorda une étendue considérable de propriétés de toute espèce, tant en France qu'en Angleterre, de sorte que les revenus en étoient plus que suffisants pour entretenir les cent vingt religieux dont se composoit la communauté; mais je ne veux pas insister par un plus long préambule sur des détails que je tâcherai de vous faire connoître à propos en parcourant avec vous les lieux. Il est temps de commencer, et de satisfaire une impatience bien naturelle. Visitons d'abord l'église.

Alors nous reprîmes les longs corridors que nous avions suivis pour arriver à l'appartement de dom Ribard. Chemin faisant, il nous dit : L'église est, à proprement parler, la seule partie des constructions de Guillaume qui nous ait été conservée, encore a-t-elle subi des changements considérables ; mais on ne doit pas s'étonner d'un pareil état de choses, après plus de sept cents ans, pendant lesquels la ville de Caen a été le théâtre de tant de guerres civiles et étrangères.

Arrivés à la porte extérieure, nous nous arrêtâmes à considérer la façade de l'église. Elle doit vous paroître, me dit dom Ribard, d'une simplicité beaucoup trop nue ; mais cela tient vraisemblablement à ce que cette église étoit destinée au service d'une Abbaye située, du temps de Guillaume, hors des murs de la ville, et non à devenir paroissiale, comme elle l'est aujourd'hui.

Vous avez remarqué sans doute en Angleterre comme en France que le caractère de l'architecture normande et anglo-normande, dans les X$^e$., XI$^e$. et XII$^e$. siècles, est de n'offrir que des arcades à plein ceintre, et que toutes celles qui sont en ogive appartiennent au XIII$^e$. siècle et aux suivants ; d'après ce principe, M. De la Rue pense que la partie carrée de ces tours est bien du XI$^e$. siècle, époque de la construction de l'édifice ; mais que les flèches et leurs ornements sont du XIV$^e$. Quand j'en eus considéré l'élégance et calculé à peu près la hauteur, qui est d'environ 200 pieds, nous entrâmes dans l'église. Son aspect intérieur ne manque pas de majesté. La nef est accompagnée de bas-côtés qui supportent une galerie en arcades d'un effet agréable à l'œil, et prolongée tout au tour de l'église.

Dom Ribard nous dirigea à gauche vers une chapelle assez spacieuse, environnée de grilles, et à laquelle on monte par quelques degrés. C'est, nous dit-il, une de ces pieuses fondations si fréquentes dans les siècles précédents, et que l'exemple de Guillaume semble avoir multipliées dans le pays; car il en subsiste une infinité d'autres. Celle-ci, dont on ignore le motif, remonte à l'an 1315 : elle est attribuée à Philippe Halbout, curé de Brouay, chanoine du Sépulcre, etc. Il étoit d'une ancienne famille noble, dont on voyoit, avant la révolution, les armes suspendues à la voûte de la chapelle, et elle porte maintenant encore le nom de *Chapelle Halbout.*

De là notre vénérable guide nous conduisit au chœur, qui me parut fort beau. Il a presque la même étendue que la nef; mais il est d'une autre architecture bien plus élégante. A cet égard, il offre la différence que nous avions observée dans les tours. Cette partie de l'église, dis-je à dom Ribard, pourroit bien avoir été construite à la même époque que les flèches et leurs ornements. En effet, me répondit-il, plusieurs histoires de l'Abbaye rapportent que Simon de Trévières, qui fut abbé de St.-Etienne depuis 1316 jusqu'en 1344, fit, dans cet intervalle, agrandir le chœur et construire le rond-point qui le termine, tels que vous les voyez aujourd'hui. Cependant il y a au plus un demi-siècle que le chœur fut prolongé jusqu'au-dessous de cette tour. On entreprit en même temps une réparation immense et fort dispendieuse; on remit les murs à neuf dans toute l'étendue de l'église; c'est pour cela que vous ne leur trouvez pas cette teinte de vétusté qu'ils devroient avoir et qui ne déplaît pas dans ces sortes de monuments. Ce fut alors aussi qu'on remplaça une pierre assez commune par le marbre sur lequel vous marchez. Les religieux de cette Abbaye, dit M. ***, étoient très-zélés pour l'embellissement de leurs édifices et pour tout ce qui pouvoit ajouter à la dignité du service divin. Aussi la pompe de leurs cérémonies attiroit-elle un grand concours. Je me souviens d'y être venu souvent dans mon enfance, et d'avoir vu figurer dans ce chœur dom Ribard, qui n'en étoit pas le moindre ornement. Hélas! reprit le bon vieillard, attendri de nouveau jusqu'aux larmes, ce temps est déjà bien loin..... Pour vous, mon cher M. ***, vous m'avez vu de bonne heure des mêmes yeux que votre famille, à laquelle j'ai toujours été singulièrement attaché. Mais que cherchez-vous, me dit-il, en me voyant promener mes regards avec une sorte de curiosité inquiète dans toutes les parties du chœur? Le tombeau de Guillaume, que je m'attendois à trouver ici, lui répondis-je. — Voici le seul monument consacré à sa mémoire; et il me montra, à l'entrée du sanctuaire, un marbre au niveau du sol, sur lequel je lus cette inscription :

HIC SEPULTUS EST
INVICTISSIMUS
GUILLELMUS
CONQUESTOR,
NORMANNORUM DUX
ET ANGLIÆ REX,
HUJUS-CE DOMUS
CONDITOR,
QUI OBIIT ANNO
MLXXXVII.

ICI FUT INHUMÉ
GUILLAUME
LE CONQUÉRANT,
DUC DE NORMANDIE
ET ROI D'ANGLETERRE,
FONDATEUR
DE CETTE MAISON,
IL MOURUT
L'AN 1087.

Quoi! dis-je à dom Ribard, c'est là le seul tombeau

qu'ait obtenu un si grand prince dans des lieux qui attestent ses bienfaits? Il n'en est pas ainsi, me répondit-il; on lui en a élevé de magnifiques à diverses époques; mais l'histoire de leur violation seroit presque aussi longue que celle de sa vie. Je vous en rapporterai seulement quelques circonstances. On ne peut douter que Guillaume, après avoir fondé cette Abbaye, n'ait voulu en faire le lieu de sa sépulture. Il ordonna en mourant qu'on y déposât sa couronne, son sceptre et ses autres ornements royaux. Mais sa famille envia aux Bénédictins ce legs précieux. Guillaume-le-Roux, son second fils et son successeur, leur promit, s'ils vouloient y renoncer, la terre de Cocre, dans le comté de Sommerset. Les religieux acceptèrent l'offre, moins par cupidité que par le motif d'une respectueuse déférence. Mais Guillaume-le-Roux ayant péri victime d'un funeste accident, avant d'avoir accompli sa promesse, ce fut Henri I$^{er}$., son jeune frère, qui l'acquitta, en donnant non pas la terre de Cocre, mais celle de Brideton, dans le comté de Dorset. C'est ainsi que Guillaume-le-Conquérant commença à être trompé dans l'accomplissement de ses volontés dernières. Peu s'en fallut qu'on ne refusât à sa dépouille mortelle l'honneur de reposer dans cet asile qu'il s'étoit préparé avec tant de magnificence. Au milieu de la cérémonie des funérailles, au moment où on allait déposer ici son corps dans le caveau qui lui avoit été préparé, un bourgeois de Caen, nommé Asselin, s'écria : « Le lieu où » nous sommes est le bien de mon père, que Guillaume » lui a enlevé par violence; j'en redemande le prix, ou » je m'oppose à la sépulture du roi sur un terrain qui » m'appartient. » Cette réclamation, inconcevable à l'égard d'un prince, et pour un pareil objet, frappa tellement l'assemblée, que le service en fut interrompu. Cependant les seigneurs et les évêques présents examinèrent la prétention d'Asselin, et, l'ayant trouvée juste, ils lui firent donner soixante sous (1) pour le droit de la fosse, et lui promirent un dédommagement convenable pour le reste. A cette condition, le caveau fut fermé (2). Cependant Guillaume-le-Roux, pénétré pour la mémoire de son père d'une pieuse vénération, lui fît ériger dans ce sanctuaire un tombeau magnifique, et chargea un célèbre orfèvre de Caen, nommé Othon, de l'enrichir d'ornements de toute espèce. La pierre tumulaire, de marbre noir, étoit soutenue par des pilastres en marbre blanc, et portoit la statue du roi, couchée et revêtue de ses habits royaux. A ses pieds on lisoit une inscription latine attribuée à Thomas, archevêque d'Yorck ; elle n'est guère remarquable que par son mauvais style et son obscurité (3).

En 1522, un cardinal, un archevêque et un évêque d'Italie vinrent à Caen, visitèrent l'Abbaye, et demandèrent à voir le corps de Guillaume. Pierre de Martigny,

(1) Environ 247 fr. de notre monnoie.

(2) On ne peut qu'admirer la puissance de cette *clameur de haro*, par laquelle un simple particulier obtint justice contre son roi. Cette institution, connue seulement en Normandie, rappelle dans cette circonstance les fameux jugements d'Egypte, et si Raoul en est l'auteur, comme sembleroit l'indiquer la forme même du mot ( Ha! Ro, Ha! Raoul!), elle fait honneur au génie de ce chef d'aventuriers normands.

(3) Qui rexit rigidos Northmannos, atque Britannos
    Audacter vicit, fortiter obtinuit,
Et Cenomanenses virtute coercuit enses
    Imperiique sui legibus applicuit,
Rex magnus parvâ jacet hâc Gulielmus in urnâ :
    Sufficit et magno parva domus domino.
Ter septem gradibus se volverat atque duobus
    Virginis in gremio Phœbus, et hic obiit,
        MLXXXVII.

## I<sup>re</sup>. PARTIE. L'ÉGLISE.

alors abbé de Saint-Etienne, leur fit ouvrir le tombeau. Le corps du prince, qui étoit d'une grosseur extraordinaire, fut trouvé intact, et tel qu'il avoit été enseveli; on trouva en même temps dans la tombe une lame de cuivre doré, sur laquelle étoit gravée une inscription bien plus curieuse que la première (1).

Afin de conserver la mémoire d'un fait aussi surprenant, on en fit exécuter le tableau par un peintre habile, et on le suspendit avec l'inscription au mur de l'église, vis-à-vis du tombeau, qui fut soigneusement refermé. Il

(1) La voici :

<blockquote>
Je, Guillaume prince très-magnanime,<br>
Duc de Neustrie, pareil à Charlemaigne,<br>
Passay le mer par un doux vent de sust<br>
Pour conquester toute la Grand-Brétaigne;<br>
Puis desployer fis mainte noble enseigne<br>
Et dresser tentes et pavillons de guerre,<br>
Et ondrier fis comme fil d'airaigne<br>
Neuf cent grands nefz. Si tot qui euz pied a terre,<br>
Et puis en armes, de là partis grauderre<br>
Pour coups recenz au doubté roy Herault<br>
Dont comme preux j'euz toute la deferre,<br>
Non pas sans dur et marveilleux assault;<br>
Pour bien jouster le désloyal ribault,<br>
Je mis à mort et soixante et sept mille<br>
Neuf cents dix-huit; et par ainsi d'un sault<br>
Fuz roi d'Anglois, tenant toute leur isle.<br>
Or n'est il nul, tant soit fort et habile,<br>
Qui, quand c'est fait, après ne se repose.<br>
Mort m'a défaict. Que suis j'il? cendre vile.<br>
De toute chose on jouit une pose.
</blockquote>

Le style de cette inscription paroit appartenir plutôt à l'époque de l'exhumation du corps de Guillaume qu'à celle de sa mort, soit que dans le temps on ait trouvé plus simple de la refaire que de la déchiffrer, soit qu'on ait voulu en rendre l'intelligence plus facile à ceux qui la liroient.

y resta jusqu'en 1562, qu'il en fut arraché par les protestants. Cette année mémorable par tant de désastres, vit la destruction presque totale de l'Abbaye. Il n'en resta que les murs. Portes, fenêtres, plafonds, charpentes, le plomb, le fer, le marbre, les manuscrits, les livres, les meubles, tout fut brisé, abattu, pillé. L'église ne fut pas plus respectée; la tour du milieu, une des plus belles du royaume, fut minée dans ses fondements et renversée par le sommet, afin que sa ruine entraînât celle de tout l'édifice. Les voûtes furent rompues en plusieurs endroits. De très-belles orgues, les vîtres, ornées de riches peintures, furent mises en pièces. Les autels, les vases sacrés furent profanés et volés. Au milieu de cette dévastation générale, vous vous figurez sans peine quel fut le sort du tombeau de Guillaume. Après en avoir enlevé les ornements précieux et brisé les sculptures, quelques-uns des séditieux, frappant sur la pierre qui couvroit le cercueil, s'imaginèrent, trompés par le son, qu'elle cachoit un trésor. Ils l'ôtèrent donc; mais ils ne trouvèrent que les ossements du prince, qu'ils prirent et qu'ils jetèrent indignement hors de l'église. Ils furent recueillis et déposés dans la cellule d'un religieux, dom Michel de Cemalle, qui les y conserva soigneusement jusqu'à ce qu'il pût les remettre dans le tombeau; mais il n'eut pas la satisfaction de remplir ce pieux devoir; car peu de temps après l'amiral de Coligny ayant pris la ville à la tête de ses troupes, l'Abbaye fut de nouveau saccagée, les religieux obligés de fuir, et les restes de Guillaume se trouvèrent encore dispersés. Seulement le vicomte de Falaise obtint d'un des rebelles un os de la cuisse, qui étoit, ainsi qu'on le remarqua, de quatre doigts plus long que dans les hommes de la plus haute taille. Une circonstance m'a frappé dans ce récit, dis-je à dom Ribard : le corps de Guillaume, qui s'étoit parfaitement conservé pendant 435 ans, fut trouvé 40 ans après, dans le même tombeau, réduit aux seuls ossements. Cette dissolution assez prompte, en la comparant à la longue conservation précédente, paroît bien extraordinaire. C'est, me répondit M. ***, l'effet naturel du contact de l'air sur un corps qui en avoit été soigneusement garanti. On cite plusieurs exemples de ce genre. Au reste, ajouta dom Ribard, ces détails sont consignés dans un historien du temps, plein de candeur et de bonne foi, M. de Bras, qui les rapporte comme témoin oculaire. Il dit même qu'ayant trouvé chez un nommé Pierre Hodé, geolier de la ville, le portrait de Guillaume dont il est ici question, qui lui servoit de table, car il étoit peint sur bois, il se le fit remettre et le garda jusqu'à ce que l'église fût en état de le recevoir de nouveau ; mais on ne sait ce qu'il est devenu, 64 ans s'étant écoulés avant qu'on pût célébrer l'office divin à l'Abbaye. Ce ne fut qu'en 1626 que Jean de Baillehache, alors grand-prieur, la rendit enfin au culte, après avoir consacré une partie de sa vie à la faire restaurer. Par ses soins, un second tombeau en forme d'autel fut élevé dans le chœur (1), et il y resta jusqu'en 1742, que Louis XV

---

(1) Avec cette inscription :
Hoc sepulchrum invictissimi juxtà et clementissimi conquestoris Gulielmi,
Dùm viveret Anglorum regis, Normannorum Cenomanorumque principis,
   Hujus insignis abbatiæ piissimi fundatoris,
Cum anno MDLXII hereticorum furore direptum fuisset, pio
   Tandem nobilium ejusdem abbatiæ religiosorum
   Gratitudinis sensu in tam beneficum largitorem,
   Instauratum fuit anno Domini MDCXLII
Domino Johanne de Baillehache ascetorii proto-priore.
D D.

autorisa l'intendant de la ville à transférer les restes de Guillaume dans le sanctuaire. La pierre dont on les recouvrit fut arrachée par les révolutionnaires en 1793 (1); mais le général Dugua, préfet du Calvados, la fit rétablir en 1801, avec cette dernière inscription que vous venez de lire. Ainsi, ajoutai-je, il ne reste de Guillaume qu'un seul ossement, disputé trois fois aux fureurs des guerres civiles! Singulière destinée d'un prince qui, après une vie agitée par tant de soins et de travaux, n'a pu trouver dans la mort même un repos assuré, et jouir en paix de sa dernière demeure!

Pendant ce récit de dom Ribard, nous nous étions avancés insensiblement vers l'autel en marbre rouge qui s'élève au fond du sanctuaire. Je l'examinai avec attention, ainsi que tout ce qui l'accompagne. Les deux anges placés de chaque côté me parurent d'une belle exécution; mais j'admirai surtout, comme un travail rare, les six chandeliers et le tabernacle. Avec la hauteur de leurs proportions et l'élégance de leur forme, figurez-vous,

(1) Elle portait l'inscription suivante :

  Requiescebat in spe corpus beneficentissimi
   Fundatoris, quùm à Calvinianis anno MDLXII
  Dissipata sunt ejus ossa. Unum ex eis à viro nobili
   Qui tùm aderat reservatum et à posteris illius
  Anno MDCLXII restitutum, in medio choro depositum
   Fuerat, mole sepulchrali desuper extructâ. Hanc
  Ceremoniarum solemnitate minus accommodatam
   Amoverunt monachi anno MDCCXLII, regio
  Fulti diplomate, et os quod unum supererat
   Reposuerunt in cryptâ prope altare,
  In quo jugiter de benedictionibus metet
   Qui seminavit in benedictionibus
    Fiat   Fiat.

me dit dom Ribard, l'effet qu'ils devoient produire à la plus grande distance, lorsqu'ils brilloient de tout l'éclat de l'or dont ils étoient revêtus (1). Ce fut un frère, nommé Fierville, qui en fit présent à l'Abbaye, après avoir consacré à cette dépense, ainsi qu'au pavage du chœur, les fruits de son travail. Il avoit pour l'horlogerie un talent si remarquable, qu'on crut devoir l'envoyer à Paris pour se perfectionner. On recherchoit beaucoup les ouvrages sortis de ses mains, quoiqu'il les fît payer fort cher, parce qu'ils étoient supérieurement travaillés. Vous remarquez, sans doute, que ces grilles en bois, qui environnent le chœur, ne répondent pas à la beauté de l'édifice. C'est encore un des tristes effets de notre révolution. Avant cette époque, il y en avoit en fer, de comparables à celles de St.-Ouen de Rouen. Ces stalles qui sont adossées à la muraille, étoient autrefois surmontées de riches lambris ornés de sculptures ; mais ces lambris, assez élevés, dérobant de chaque côté la vue du chœur, on les supprima il y a environ 25 ans, lorsqu'on érigea l'église en paroisse. Les deux piliers que vous voyez à droite et à gauche, entaillés en forme d'ornement, auroient interrompu la ligne des stalles supérieures, si l'on n'eût employé ce moyen. L'architecte l'avoit d'abord inutilement proposé aux religieux, qui craignoient de compromettre la solidité de l'édifice ; mais comme c'étoit un homme habile et sûr de son fait, il choisit, pour exécuter son dessein, le moment où les religieux étoient au réfectoire, de sorte qu'ils n'eurent, à leur retour, qu'à le féliciter de son heureuse entreprise. Il falloit, dis-je alors en riant à dom Ribard, que les bons Pères restâssent bien long-temps à table, ou que

---

(1) On peut en juger maintenant. Ces objets viennent d'être restaurés par les soins de M. l'abbé Royer, curé de St.-Etienne, auquel la paroisse est redevable d'améliorations importantes.

l'architecte fût prodigieusement prompt. Ni l'un ni l'autre n'étoit nécessaire, me répondit-il; mais ayant tout disposé d'avance, il en fit assez pour prouver qu'il n'y avoit aucun péril, et pour obtenir la permission de continuer. Après avoir examiné de plus près cette opération, en effet assez hardie, nous sortîmes du chœur, et nous passâmes, sans nous arrêter, devant les quatorze chapelles qui l'environnent.

En descendant la nef, mes regards se fixèrent sur les orgues, placées au-dessus de la grande porte: elles sont des plus complètes et des meilleures de France, nous dit dom Ribard; elles se composent de soixante-trois jeux, servis par onze soufflets. Toutes les parties en ont été traitées avec le plus grand soin par les mains ou sous les yeux des Bénédictins, et rien n'a été épargné pour que ce fût un chef-d'œuvre. Lorsqu'on les touche à présent, elles sont loin de produire tout leur effet, les modiques ressources de la paroisse les ayant depuis longtemps privées des réparations les plus indispensables. Quel dommage, dit alors M. \*\*\*, qu'on ne puisse entretenir comme il conviendroit de si beaux monuments élevés à la gloire de la religion et des arts!

Lorsque nous sortîmes de l'église, le soleil avait disparu de l'horizon. Dom Ribard nous proposa de rentrer chez lui, afin de nous y reposer; nous le remerciâmes; j'étois bien aise de rédiger immédiatement les détails de cet intéressant entretien. Si vous le trouvez bon, ajouta M. \*\*\*, le rendez-vous sera chez moi demain matin, sur les dix heures; je réunirai quelques amis; après quoi nous reviendrons ensemble interroger les souvenirs de l'Abbaye.

FIN DE LA PREMIÈRE PARTIE.

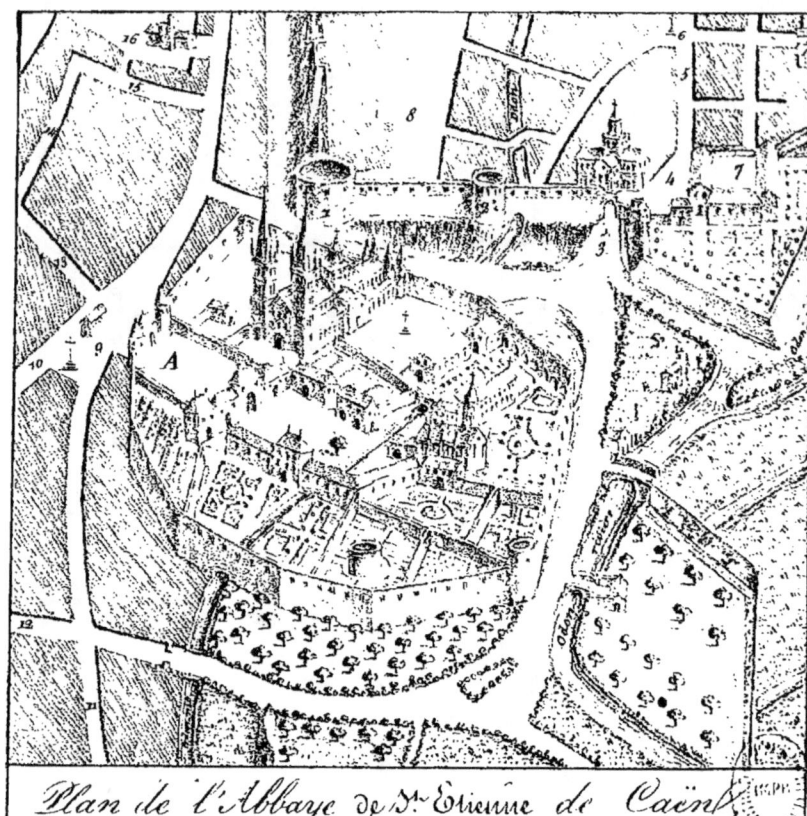

Plan de l'Abbaye de St Etienne de Caën,
Levé en 1675.

N° 1. Tour Châtimoine.
2. Tour Louviette.
3. Porte St Etienne.
4. Eglise St Etienne le vieux.
5. Rue St Etienne.
6. La belle-croix.
7. Maison et Eglise des Jésuites.
8. Place St Sauveur.
N° 9. Croix et boucherie du bourg-l'abbé.
10. Grande rue du bourg-l'abbé.
11. Rue des Capucins et de la Visitation.
12. Rue de Bretagne.
13. Ruelle St Blaise.
14. Rue Bicoquet.
15. Petite rue St Martin.
16. Eglise St Martin.

Echelle.

J. Lappa, (1828).     Lith. de N. Periaux, Rouen.

# SECONDE PARTIE.

## LE MONASTÈRE.

Dom Ribard se trouva chez M. *** à l'heure convenue. La réunion étoit des mieux composées. J'eus le plaisir d'y rencontrer M. De la Rue, à qui ses longs travaux n'ont rien fait perdre de la fraîcheur d'une verte vieillesse. Nous nous entretînmes longuement des antiquités de la Normandie, qu'il possède à fond, et je pus reconnoître dans cette conversation la vérité de tout ce que j'avois appris la veille. Nous revînmes à l'Abbaye vers le milieu du jour. Pendant le trajet, dom Ribard nous dit : Hier, il n'a guère été question entre nous que de Guillaume-le-Conquérant; aujourd'hui, ce sera le tour des Bénédictins. Excepté quelques débris qui subsistent encore, tout ce que vous allez voir est leur ouvrage, et ne remonte pas au-delà du siècle dernier. Je tiens assurément beaucoup, lui répondis-je, à visiter un monument élevé par les soins d'un ordre qui en a tant laissé de remarquables; mais, excusez ma franchise, j'aurois mieux aimé parcourir l'antique monastère que fit construire Guillaume, quand même il eût subi comme l'église des changements inévitables. Je conçois vos regrets, me répondit dom Ribard; mais je tâcherai de vous donner au moins une idée de cet ancien monastère, en le comparant avec le nouveau. Il reste à ce sujet des documents précieux, savoir, un dessin de l'Abbaye faisant partie d'un plan de la ville de Caen levé en 1675, et un procès-verbal constatant dans le plus grand détail les dévastations qui y furent commises en

1562. A l'aide de ces deux pièces, il est facile de connoître l'étendue et la distribution des premiers bâtiments. Les historiens qui en ont parlé s'accordent à dire qu'ils étoient vastes, magnifiques, dignes en un mot de leur fondateur. Aussi nous voyons saint Louis, le roi Jean, François I$^{er}$., et même vos rois Henri V et Henri VI, descendre à l'Abbaye de St.-Etienne pendant leur séjour à Caen.

Dom Jean de Baillehache, grand-prieur, qui mourut en 1644, étoit parvenu à la relever de ses ruines; mais il ne put lui rendre sous aucun rapport son premier éclat. Les dissensions politiques et religieuses, en forçant les Bénédictins d'interrompre leurs exercices, et même de changer plus d'une fois d'asile, avoient insensiblement introduit parmi eux un grand relâchement. Ce fut ce qui détermina, en 1663, Anne-Geneviève de Bourbon, épouse du duc de Longueville, gouverneur de Normandie, à faire entrer dans cette maison les Bénédictins réformés de la congrégation de St.-Maur. Dès-lors le nombre des religieux devenu plus considérable, et les changements amenés par une discipline nouvelle, firent concevoir de nouveaux plans, que d'immenses revenus donnoient les moyens d'exécuter. Ainsi furent commencés, en 1704, les bâtiments actuels, sur les dessins de Guillaume de la Tremblaye, frère convers de l'ordre, qui donna également ceux de l'Abbaye de Sainte-Trinité, et de l'Abbaye royale de St.-Denis. Mais il n'eut pas la satisfaction de voir achever son ouvrage; car il mourut en 1715, et la grande façade de St.-Etienne ne fut terminée qu'en 1726. J'en aperçus une partie en traversant la place Fontette, et bientôt nous nous trouvâmes à la porte de l'Abbaye.

Nous avons fait, reprit dom Ribard, un circuit qu'on pourra éviter, lorsqu'un plan projeté depuis long-temps

## II$^e$. Partie. Le Monastère.

pour la construction des classes du Collége royal aura été mis à exécution. Alors on ne sera plus obligé de venir gagner ce pavillon d'entrée qui paroît appartenir plutôt à l'église qu'au collége. Il étoit occupé jadis par le cellerier de la maison ; il comprend aujourd'hui les appartements du proviseur et les bureaux de l'économe.

Quand nous fûmes entrés, nous commençâmes par visiter le cloître. C'est une galerie couverte, d'environ 600 pieds, qui règne autour d'une cour carrée comprise entre l'église au nord, le réfectoire au midi, la chapelle à l'est, et ce qu'on appeloit l'hôtellerie à l'ouest. Le cloître de l'ancien monastère, nous dit dom Ribard, avoit 100 pieds de plus que celui-ci, 25 sur chaque face. Il consistoit également en une colonnade élégante. Le plafond, formé par des charpentes en berceau, étoit revêtu d'ornements dans le goût de l'époque. L'architecture de ce cloître, répondis-je, est assurément fort belle ; ces voûtes à double arête et à plafond octogone, ces arcades à plein cintre, ces pilastres d'ordre dorique, tout est de meilleur goût : cependant, je ne sais pourquoi ces sortes de lieux me paroissent toujours tristes. Ils me font la même impression, dit aussi M. \*\*\* ; cela tient sans doute à l'idée que nous nous formons des habitudes austères de ceux auxquels ils étoient destinés. Pour nous, dit dom Ribard, nous n'éprouvions rien de semblable. Ce terrain nu, que vous voyez au milieu, étoit un parterre de la plus riante variété ; mais les fleurs et les dessins ont disparu, pour laisser un libre espace aux exercices de nos élèves. Et les cris et les jeux, ajoutai-je, ont succédé aux graves entretiens et aux promenades silencieuses.

En suivant le côté de la galerie qui s'appuie contre l'église, dom Ribard nous montra dans le mur, vers le milieu, l'emplacement d'une vingtaine de briques que dom

Menilgrand, le dernier prieur de l'Abbaye, avoit fait encadrer, pour qu'elles demeurassent exposées aux regards des curieux. Sur ces briques, nous dit dom Ribard, sont peintes des armoiries que l'on croit communément être celles des barons qui accompagnèrent Guillaume à la conquête de l'Angleterre ; mais je vous parlerai de leur origine plus probable, quand il s'agira de la salle d'où elles furent tirées : leur antiquité les rend curieuses. M. De la Rue en possède vingt-quatre, qu'on peut regarder comme le type de toutes les autres, et dont il a donné la gravure dans ses *Essais historiques* (1). Avant de quitter le cloître, j'en admirai l'exacte symétrie. Elle n'est interrompue que par la petite porte qui nous introduisit dans le vestibule de l'escalier par lequel les religieux se rendoient de leurs cellules au chœur, pour y chanter l'office pendant la nuit. Vous voyez encore sur le mur, en face de la dernière marche, nous dit dom Ribard, les traces de la porte qui communiquoit à l'église, et plus loin, sur la même ligne, celles d'une autre porte par laquelle on passoit de la sacristie de Saint-Etienne dans celle de la chapelle, appelée alors la *grande sacristie*. Cette dernière ne servoit qu'aux solennités, lorsqu'on déployoit les plus riches ornements. La voici absolument dans l'état où nous la laissâmes, à l'exception des glaces, qui ont été enlevées. Tout paroît en effet bien conservé, répondis-je, ces armoires, ce parquet, toute cette boiserie est magnifique, et la couleur que le temps lui a donnée en augmente encore l'éclat. Il en est de même, reprit dom Ribard, des autres que vous allez voir.

---

(1) *Essais historiques sur la ville de Caen et son arrondissement*, par M. l'abbé De la Rue, chanoine honoraire de l'église cathédrale de Bayeux, professeur d'histoire à l'Académie de Caen, correspondant de l'Institut royal de France, membre de la Société des antiquaires de Londres, etc. 2 vol. in-8°. Caen, imprimerie de Poisson, 1820.

Nous possédions de vastes forêts, d'où l'on tiroit un bois choisi, qu'on laissoit vieillir avant de l'employer ; aussi ces ouvrages sont de nature à durer des siècles, sans éprouver la moindre altération. La plupart ont été faits par un religieux nommé Poche, qui entendoit à merveille le dessin et la menuiserie. Il avoit dans la maison plusieurs ouvriers sous ses ordres. Les plus habiles d'à-présent, qui viennent admirer ces travaux, ne craignent pas d'avouer qu'ils recevroient volontiers des leçons d'un tel maître. Cette galerie, peinte avec assez d'habileté, est une idée de l'architecte, qui l'exécuta lui-même. Le tableau placé vis-à-vis, représentant *Moïse qui tue un Egyptien*, ainsi que le *Moïse frappant le rocher*, que vous apercevez au bas de la chapelle, sont de Mignard ; le *Passage de la Mer rouge*, placé au-dessus de l'autel, est attribué à Bourdon. Ces trois tableaux furent achetés à Paris, à la maison du noviciat des Jésuites, lors de la suppression de cet ordre, en 1764.

Des six petits tableaux qui correspondent aux fenêtres de la chapelle, trois ont été placés récemment, et il est facile de les distinguer au coloris et à la manière ; ce sont : le *Christ*, le *Martyre de saint Etienne* et la *Conversion de saint Paul*. Les autres ont été peints par un religieux de de la maison, dom Fournier, qui montroit plus d'ardeur que de talent pour la peinture. Il avoit résolu de décorer cette salle de sa main ; mais il s'arrêta au milieu de son entreprise. C'étoit alors la salle du conseil ou chapitre. On y entroit par une seule porte, qui figure au milieu de la galerie du cloître située de ce côté. Vous voyez encore fixés à la boiserie les bancs des religieux, et à l'extrémité le siége du président. Le local de l'ancien chapitre avoit à peu près la même dimension que celui-ci. Il renfermoit les tombes de plusieurs Bénédictins recommandables. Elles ont été brisées, comme celle de Guillaume, dans le désastre de 1562. J'observe avec plaisir, dis-je à dom Ribard, qu'on a eu l'attention de mettre cet autel, d'une élégante simplicité, en harmonie avec les beaux lambris qui ornent cette pièce. Ces travaux, me répondit-il, ont été dirigés avec beaucoup de goût par M. l'abbé Croquet, aumônier du Collége royal.

L'espèce de vestibule par lequel nous sortîmes de la chapelle étoit durant l'hiver une salle de réunion pour les religieux après les repas. L'élégance des deux autres qui conduisent au parterre, indique avec quel soin ont été traitées toutes les parties de cette immense construction.

Quand nous fûmes en présence de la grande façade, je dis à ces Messieurs : Rien ne charme plus les regards que ce bâtiment; qu'on l'examine de près ou de loin, il plaît également par ses détails et par son ensemble. Certes, quelque soit l'éloge qu'aient fait du monastère de Guillaume les historiens qui en ont parlé, je doute qu'il fût aussi beau; et si l'un eût été plus curieux pour moi, assurément celui-ci devoit être plus agréable aux Bénédictins. Je suis bien aise, me répondit le bon vieillard, que l'admiration du présent tempère un peu le regret du passé; à dire vrai, je m'étois flatté qu'il en seroit ainsi. Le monastère de Guillaume, composé de plusieurs bâtiments, beaux en soi, mais différents et isolés les uns des autres, ne pouvoit produire l'effet de ces belles lignes d'architecture, rattachées à un plan vaste et unique. Les choses ont pourtant déjà changé depuis notre départ. Les deux fenêtres et la porte de cet avant-corps de logis formoient trois arcades ouvertes, qui, s'élevant ainsi sur un perron de plusieurs degrés, présentoient un aspect plus majestueux. Vis-à-vis s'étendoit une allée de la même largeur, puis de chaque côté alternativement une plate-bande garnie de fleurs et d'arbrisseaux, une allée, une autre plate-bande et enfin un gazon. Voilà pourquoi cet enclos a conservé le nom de *parterre*, quoiqu'il n'en ait plus guère l'apparence. Ces deux lignes que vous apercevez à droite et à gauche agréablement plantées, sont de petits jardins abandonnés aux élèves, et qu'ils se plaisent à cultiver eux-mêmes. Mais le gazon, si favorable à leurs jeux, domine partout, et fait de ce lieu un véritable parc.

A l'extrémité de ces deux avenues commençoit un massif d'arbres en quinconce, qui se prolongeoit jusqu'aux murs de St.-Etienne-le-Vieux, que vous voyez en face de vous. Cette église, maintenant abandonnée, est fort ancienne; elle remonte au-delà du temps de Guillaume. On demande à ce sujet pourquoi ce prince plaça son Abbaye sous l'invocation de St.-Etienne, lorsque déjà il y avoit tout près une église de ce nom, qu'on fut même obligé d'appeler St.-Etienne-le-Vieux, pour la distinguer de l'autre. Je crois que c'est précisément ce voisinage qui détermina Guillaume, et qu'il jugea convenable de donner à son monastère le nom de la paroisse sur laquelle il étoit bâti. Les autres raisons qu'on allègue paroissent inadmissibles. Ainsi, d'après une ancienne tradition, Guillaume étant à cheval auroit bronché devant une image de saint Etienne, et auroit fait vœu de lui dédier son Abbaye. Mais ce trait s'accorde-t-il bien avec le caractère connu de ce prince? On lit encore dans de vieux manuscrits, que l'église abbatiale fut dédiée à saint Etienne en mémoire d'une ancienne chapelle fondée au même endroit près du cours de l'Odon (1),

---

(1) L'Odon est une petite rivière qui se jette dans l'Orne, au port de Caen. Elle passe au pied des murs du Collége du côté du midi. Une branche qui en a été détournée traverse même par un canal souterrain la longueur du parterre et une partie de la maison, après avoir fait battre un moulin qui appartenoit aux religieux. Cette ressource leur fut souvent pré-

et sous l'invocation du même saint, ainsi qu'un manoir où mourut, vers l'an 720, Clotaire, roi de France, qui fut inhumé à Choisy. Mais comme, d'après le témoignage de l'histoire, aucun de nos rois de France, du nom de Clotaire, n'est mort à cette époque et n'a été inhumé à Choisy, il y a tout lieu de révoquer en doute l'existence du manoir royal et de la chapelle St.-Etienne antérieurement à la fondation de l'Abbaye.

Ce mur surmonté d'une grille, qui s'étend devant la grande façade, a été construit en 1810. A cette époque on ouvrit un passage à travers l'enclos du Collége royal, afin d'embellir la place du palais de justice, et de procurer un accès facile aux grandes prairies. Le reste du terrain, avec lequel toute communication se trouvoit interrompue pour le Collége, fut converti en place publique. Ainsi réduit de moitié, l'enclos présente encore une surface de plus de six arpents, y compris le jardin potager, situé au-dessous de la terrasse du côté du midi. On descendoit à ce dernier par un grand escalier, placé au milieu de la

---

cieuse pendant les siéges que l'Abbaye eut jadis à soutenir. Elle commença à être fortifiée en 1354, après le séjour qu'y fit le roi Jean. Les religieux ayant représenté à ce prince que la ville, qui venoit de s'entourer de nouvelles fortifications, laissoit leur Abbaye sans défense, hors de la ligne de circonvallation, il leur permit d'élever aussi des remparts dont on voit encore les restes du côté de la prairie, notamment une tour, appelée alors la tour *Puchot*. Les Anglais, commandés par le duc de Clarence, firent le siége de l'Abbaye en 1417, et s'en rendirent maîtres. Cette position leur fut d'un grand secours pour prendre la ville. Henri V plaça son artillerie dans la tour du milieu de l'église. Elle en fut ébranlée au point qu'on la rebâtit sous Henri VI. En 1434, la noblesse et les communes des environs, impatientes de la domination anglaise, se rassemblèrent au nombre de plus de 50,000 hommes, cernèrent la ville de Caen, et s'emparèrent à leur tour de l'Abbaye, mais sans autre résultat, cette multitude levée au hasard n'ayant aucun des moyens nécessaires pour conduire un siége. Ce fut Charles VII qui reprit la ville de Caen aux Anglais, en 1450, après l'avoir attaquée aussi du côté de l'Abbaye.

## II<sup>e</sup>. Partie. Le Monastère.

longueur de l'allée; le mur d'appui, devenu nécessaire pour la sûreté des élèves, n'existoit pas encore.

En parcourant l'autre côté du parterre, dom Ribard nous montra un terrain irrégulièrement planté d'arbres qui dérobent la vue des maisons voisines. C'est, nous dit-il, un reste de l'ancien cimetière de l'Abbaye, qui comprenoit presque tout le parterre, comme l'attestent le plan que nous possédons et les tombeaux trouvés à diverses époques. Ce cimetière étoit borné au midi par une ligne de bâtiments qui s'élevoient dans la direction de l'avenue correspondante à celle-ci. La terrasse a été formée depuis; le sol s'inclinait alors en pente douce jusqu'aux vieux murs d'enceinte. C'est sur cette portion de terrain, séparée du parterre, dont elle auroit détruit la régularité, qu'on se propose de bâtir des classes dans le goût du rez-de-chaussée de la grande façade. Un portail sera ouvert sur la place Fontette, et procurera une entrée commode aux jeunes gens de la ville qui fréquentent le Collège. Le mauvais état du local actuel et la prospérité croissante de notre établissement feront hâter l'exécution de cette indispensable entreprise (1).

Nous approchâmes de l'église, dont le cœur aboutit à cet endroit, afin de lire une inscription en vieux caractères, gravée presque au niveau du sol, sur le mur qui forme le rond-point; ce sont deux vers latins que voici :

Guillelmus jacet hic, petrarum summus in arte,
Iste novum perfecit opus; det præmia Christus (2).

On a cru quelquefois, nous dit dom Ribard, que cette épitaphe étoit celle de l'architecte qui fut chargé par Guil-

---

(1) Elle s'accomplit dans ce moment, et ce nouveau local sera livré l'année prochaine à sa destination.

(2) Ci-git Guillaume, architecte habile : il exécuta cette construction nouvelle; que Dieu l'en récompense.

laume-le-Conquérant de bâtir l'église abbatiale; mais, sans parler de la forme des caractères, le mot *novum*, dont il seroit difficile de donner une autre explication, indique assez une seconde époque, qui est précisément celle de l'agrandissement du chœur, sous Simon de Trévières, au XIV$^e$. siècle.

Rentrés dans le vestibule, nous visitâmes la grande salle qu'on trouve à gauche. C'étoit pour nous en hiver, reprit dom Ribard, un lieu de promenade et de récréation. Vous voyez encore un foyer à chaque extrémité, et quelques bancs de repos dans les embrâsures des fenêtres. C'est ici que se soutenoient publiquement les thèses de philosophie dont nous tenions école, et que se fait encore chaque année avec une grande solemnité la distribution des prix du Collége royal. Aussi est-ce l'endroit de la maison que les anciens élèves revoient avec le plus d'émotion et de plaisir.

La pièce voisine, qui termine le bâtiment de ce côté, s'appeloit *Salle de Guillaume*, parce que le portrait de ce prince y étoit placé avec ceux de plusieurs rois de France et de plusieurs abbés de St.-Etienne, notamment du cardinal de Fleury, qui ne fut pas un des moins illustres.

Nous allons maintenant revenir sur nos pas, afin d'examiner le bâtiment des classes situé dans la cour voisine. M. De la Rue regrette vivement qu'on l'ait ainsi défiguré pour l'approprier à cet usage; mais par malheur les besoins publics ne s'accordent pas toujours avec ce respect et cette admiration pour les antiquités. Il a porté long-temps le nom de *Salle des gardes du duc Guillaume*; cependant les restes de son architecture gothique prouvent assez, d'après les observations que nous avons déjà faites, qu'il n'est ni du XI$^e$. ni du XII$^e$. siècle. Cette salle, que votre compatriote Ducarel a longuement décrite (1), étoit curieuse encore de son temps par de superbes vitraux, dont cette rosace peut vous donner une idée, mais surtout par les armoiries dont elle étoit ornée, et qui rappeloient le souvenir des plus anciennes familles de Normandie. Cependant il n'est pas vrai, comme on l'a répété souvent, que ce fussent les armoiries des barons qui suivirent Guillaume à la conquête de l'Angleterre. Entre plusieurs raisons qu'on pourroit alléguer, la plus décisive est, que les sceaux des ducs de Normandie depuis Guillaume-le-Conquérant jusqu'à Richard-Cœur-de-Lion, c'est-à-dire, jusque vers la fin du XII<sup>e</sup>. siècle, n'offrent aucune armoirie, aucun signe de l'art héraldique ; il n'est donc pas à croire que les familles nobles aient eu des armes avant cette époque, quand la famille ducale n'en avoit pas. Suivant l'opinion la plus probable, qui est celle de M. De la Rue, ces armoiries appartenoient aux familles qui avoient fourni à l'Abbaye de St.-Etienne des abbés, et même de simples religieux. Car il est certain que depuis la fondation jusqu'à l'arrivée des Bénédictins de la congrégation de St.-Maur, on n'y admit que des nobles. C'étoient pour la plupart de vieux chevaliers qui, après avoir couru le monde, venoient expier dans le cloître les erreurs d'une vie aventureuse, mais qui ne déposoient pas toujours en y entrant tout sentiment de grandeur humaine ; de là ces marques d'illustration dont ils se plaisoient à orner leur dernier asyle. Cette salle n'étoit pas la seule qui offrît cette singularité ; le procès-verbal des dévastations de 1562 parle de beaucoup d'autres ornements de ce genre, répandus dans divers endroits de l'ancien monastère. Je m'étends volontiers sur ces détails, parce que ces armoiries ont

(1) *Antiquités Anglo-Normandes*, traduites de l'Anglais par M. Léchaudé-d'Anisy. Caen, 1823. Chez Mancel.

donné lieu dans votre pays, comme ici, à une foule de recherches et de dissertations savantes. Un grand nombre de familles anglaises étant issues d'anciennes familles normandes, on conçoit combien elles sont flattées de trouver des monuments qui, en rappelant une commune origine, attestent aussi une ancienne noblesse. Je serois curieux, dis-je à M. \*\*\*, de voir, s'il étoit possible, quelques-unes de ces briques armoiriées. Je connois assez M. De la Rue, me répondit-il, pour vous assurer qu'il se fera un plaisir de nous montrer toutes celles qu'il a conservées. Mais, dis-je à dom Ribard, connoît-on la destination primitive de cette salle et l'usage auquel elle a été consacrée? — On sait seulement que jadis l'Echiquier y a tenu plusieurs fois ses séances, et que les Etats de la province s'y sont assemblés (1), lorsqu'ils ont été convoqués à Caen ; mais elle étoit depuis long-temps abandonnée lorsque les classes du Collége y furent établies, et on ignore ce qui a pu lui faire donner quelquefois la dénomination de *Salle des gardes de Guillaume*. Quand j'eus examiné la forme extérieure de ce bâtiment et les restes de son architecture, qui sont pleins d'élégance et de légèreté, dom Ribard nous ramena vers le grand corps de logis.

L'étendue de la cuisine, que nous traversâmes, me fit soupçonner celle du réfectoire. Voici, dis-je en y entrant, la plus grande pièce que nous ayons encore vue, et probablement la plus belle de la maison. Elle est vraiment magnifique. Cette voûte, aussi hardie qu'élégante, ces riches lambris, ces tableaux, ce pavé de diverses couleurs, tout frappe agréablement les regards ; et le bon état dans lequel les choses sont restées, feroit croire que les Bénédictins

---

(1) La plus mémorable de ces assemblées est celle qui se tint en 1525, pour subvenir à la rançon de François I$^{er}$., retenu prisonnier à Madrid après la bataille de Pavie.

en sont encore les maîtres. Cependant, reprit dom Ribard, ce lieu, comme les autres, a bien perdu de son éclat. On conçoit qu'il n'en peut être autrement, lorsqu'on songe que cette maison, avec des revenus incomparablement plus foibles, est habitée par une jeunesse nombreuse. L'ancien réfectoire étoit plus vaste encore que celui-ci : il n'avoit pas moins de 170 pieds de long. Dix grandes fenêtres l'éclairoient. Les tables étoient en pierre, soutenues par des colonnes de même espèce. Elles furent brisées, comme tout le reste, lors de la ruine de l'Abbaye. Ici, après une révolution plus longue et plus terrible, les choses sont demeurées dans le même état, ce qui doit en effet vous surprendre. Voilà les tables sur lesquelles nous mangions. Elles ont été réunies deux à deux et élargies, afin d'admettre un plus grand nombre de couverts ; car nous nous placions seulement du côté des lambris, et quatre à chaque table, en sorte que les trente-deux religieux dont se composoit de mon temps la communauté, suffisoient pour garnir plus de la moitié de cette vaste salle, qui a reçu depuis deux cents élèves, et qui en tiendroit au besoin bien davantage. Ce grand tableau, qui paroît fixer votre attention, représente Guillaume à son arrivée en Angleterre. Le sujet seroit plus facile à reconnoître, si le peintre, au lieu d'habiller à la grecque son personnage principal, lui avoit donné le costume du temps. Cette composition est de la jeunesse de Lépicié ; elle le fit admettre, en 1760, à l'Académie de peinture. Le second tableau à la suite, représentant J. C. qui se laisse approcher par de petits enfants, est du même auteur. *L'Aveugle guéri*, le *Baptême de saint Jean*, et les *Disciples d'Emmaüs*, ont été peints par Restout. L'effet de lumière de ce dernier tableau étoit fort admiré de notre temps, et lui donnoit un grand prix. Les cinq autres, dont on ignore l'auteur, sont rangés dans l'ordre suivant : *La multiplication des pains, la résurrection de Lazare, le Centenier,* et au-dessus des deux portes, *la Samaritaine* et *la Tentation dans le désert.* En considérant celui-ci, je dis à dom Ribard : Il me semble que le peintre avoit une intention maligne, lorsqu'il représenta sous cette forme l'esprit tentateur (1). Je n'en sais rien, me répondit-il en riant; mais ce que je puis vous assurer, c'est que l'ouvrage n'est ni de dom Fournier, ni d'aucun autre Bénédictin. Quand je réfléchis, ajoutai-je, à la manière dont vous vous placiez à table, sur une même ligne, je trouve que vous n'étiez pas commodément pour converser. — Nous n'en avions pas besoin, étant obligés d'écouter en silence la lecture qui se faisoit pendant toute la durée des repas. Mais voici une coutume qui pourra vous surprendre davantage : lorsqu'un religieux de la communauté étoit mort, pendant un mois entier on mettoit un crucifix à la place qu'il occupoit à table, et on continuoit, comme s'il eût été présent, à servir sa portion de nourriture, qui étoit ensuite donnée aux pauvres. Le but de cet usage, dit M.\*\*\*, est facile à concevoir dans un genre de vie dont toutes les habitudes devoient tendre à faire sur l'âme de salutaires impressions. Hélas! reprit dom Ribard en soupirant, ceux qui nous chassèrent de cette maison en 1790, auroient bien dû nous rendre cet honneur funèbre; notre départ auroit du moins procuré aux malheureux de la paroisse un dernier soulagement. Par une singularité remarquable, ce fut le 2 novembre, jour des morts, qu'on nous signifia l'ordre de sortir. Cette triste journée ne s'effacera jamais de ma mémoire. Il me semble voir encore nos malheureux frères emportant à la hâte ce qu'ils avoient de plus précieux, leurs orne-

---

(1) C'est une femme dans le costume du siècle dernier, avec des pieds de bouc.

ments, leurs livres, inutiles objets qui ne devoient servir qu'à embarrasser et qu'à trahir peut-être une vie dès-lors errante et persécutée. Il ne fut enlevé de ce lieu qu'un Christ, que nous ne voulûmes pas laisser exposé à des outrages. Vous voyez encore l'empreinte de la croix sur un panneau du lambris. Comme j'étois alors sous-prieur de l'Abbaye, on m'accorda pour mon départ un plus long délai; mais je n'en usai guère, je voyois avec trop de douleur notre maison occupée par ses nouveaux maîtres et ouverte de toutes parts à une multitude avide et turbulente. Dans ce réfectoire, Monsieur, se tinrent des assemblées où l'on décréta la vente de nos biens, que devoit suivre la proscription de notre tête. Voyant l'émotion du bon vieillard, je fis, pour sortir, un mouvement qu'il comprit aussitôt.

Le grand escalier en présence duquel nous nous trouvâmes, est d'une hardiesse remarquable. Il s'élève comme par enchantement. C'est ce qui fait présumer, nous dit dom Ribard, qu'il est soutenu par une charpente en fer cachée dans l'intérieur. Les trois autres que vous avez déjà vus, sont, avec une moindre étendue, construits de la même manière.

Nous arrivâmes, par quatre-vingts degrés au moins, à une immense galerie d'un effet admirable. Elle a près de trois cents pieds; elle comprend la longueur du grand bâtiment, excepté le pavillon qui touche à l'église. Cette vaste étendue, les belles et nombreuses fenêtres qui l'éclairent, le grand vitrage placé à l'une des extrémités, le plafond en forme de voûte, tout se réunit pour donner à ce lieu l'aspect le plus imposant. Voilà, nous dit dom Ribard, ce que n'offroit point l'ancien monastère. Il y avoit un dortoir de 130 pieds de long, et un autre de 80. Mais quand ils eussent été réunis, ils n'auroient pas produit l'effet de cette galerie, surtout si vous la supposez débarrassée de ces cellules d'élèves, qui occupent la moitié de l'espace. Ce n'étoit toutefois qu'un corridor, commun aux chambres des religieux situées de l'autre côté sur le parterre. A cette porte, que vous voyez au bout de la galerie, se trouvoit une des grilles en fer, dont vous avez admiré le travail, et par-là nous descendions au chœur pendant la nuit pour la psalmodie. Nos chambres étoient au nombre de vingt-cinq à chaque étage, de sorte que ce nouveau monastère fut évidemment destiné à cinquante religieux. Le prieur et les autres dignitaires de la communauté avoient ici leurs chambres au milieu de celles de leurs frères ; c'est ce qui fait que cette maison, si commodément distribuée pour un système de vie monastique, n'offre pas les mêmes avantages aux fonctionnaires qui l'habitent maintenant, obligés, comme ils sont, de se retirer dans les autres corps-de-bâtiments. Je puis vous assurer pour ma part que j'ai plus d'une fois regretté ma cellule de religieux. Sous ce rapport les élèves sont beaucoup mieux traités que les maîtres. Le coup-d'œil dont on jouit ici est fort beau. A gauche, la ville avec ses édifices, ses tours, ses clochers ; en allant vers la droite, la belle promenade du Cours, le long de l'Orne ; plus loin ce qu'on appelle *les buttes d'Allemagne*, le château de Louvigny avec ses bois et ses avenues ; enfin, au milieu, une immense prairie ; tel est le spectacle qui frappe à leur réveil les regards de nos élèves durant la belle saison. En hiver, la scène change. La prairie est ordinairement inondée; alors elle présente l'aspect d'un lac, sur lequel on voit voguer quelques nacelles. Ceci confirme, dis-je à dom Ribard, la vérité d'une observation que l'on a faite depuis long temps : c'est que les religieux qui se vouoient jadis à la retraite, avoient soin de la choisir fort agréable. Votre observation, me répondit-il, ne

II<sup>e</sup>. Partie. Le Monastère.     33

peut s'appliquer aux Bénédictins de Caen, puisque vous savez que c'est à la piété du roi Guillaume qu'ils furent redevables de leur premier établissement ; et s'ils en conservèrent la magnificence, c'étoit afin d'honorer dignement la mémoire de leur fondateur. D'un autre côté, n'est-il pas naturel que des hommes qui se consacrent à la vie contemplative recherchent les lieux propres à entretenir cette disposition de l'âme ? Ainsi nous voyons dans tous les temps de pieux solitaires se retirer sur le sommet des montagnes, au bord des mers, partout où la nature étale aux yeux des marques plus éclatantes de la puissance de son auteur. Vous avez parfaitement raison, répliquai-je au bon vieillard, que j'aurois craint d'avoir blessé, si je n'eusse été aussitôt rassuré par la sérénité de son visage et le calme de sa voix ; j'éprouve trop de plaisir dans ce moment, pour vouloir en faire le sujet d'un reproche à ceux qui me le procurent ; et les Bénédictins ont rendu de trop importants services, ont laissé de trop beaux monuments à la société, pour qu'elle tourne jamais contre eux les titres qu'ils ont acquis à la reconnoissance publique.

Nous quittâmes à regret le spectacle que nous avions sous les yeux, et nous regagnâmes lentement le grand escalier ; mais avant de descendre, nous vîmes en face de nous, à l'extrémité du palier, une grande porte ronde, que dom Ribard nous ouvrit. C'étoit, nous dit-il, le local de notre bibliothèque. Il est de la même dimension que le réfectoire, au-dessus duquel il se trouve placé ; mais vous ne pouvez guère juger de l'effet de cet appartement, à cause du plancher qui en partage la hauteur, et que l'on a construit afin de doubler le nombre des cellules. Si, sur ce point, nous étions mieux traités que les religieux de l'ancien monastère, à leur tour ils avoient sur nous un avantage essentiel. Le local de leur *librairie*, comme ils l'appeloient, n'étoit ni aussi vaste ni aussi beau que celui-ci, mais il renfermoit un grand nombre de livres et de manuscrits précieux, qui ne nous sont point parvenus. C'est la perte que nous avons le plus déplorée, et qu'il étoit le plus difficile de réparer. On ne recompose pas dans quelques années une collection de ce genre, commencée depuis des siècles. C'étoit en grande partie par ce motif, que l'on envoyoit à l'Abbaye de Saint-Germain-des-Prés, à Paris, les religieux qui montroient le plus de goût et de talent pour les lettres. Cependant le nombre des volumes commençoit à être assez considérable, et on s'occupoit de remplacer des rayons provisoires par de belles armoires dans le genre des autres boiseries de la maison, lorsque nous fumes obligés de partir. Chacun de nous emporta le plus de livres qu'il put; le reste est allé augmenter la bibliothèque de la ville.

Etant redescendus à l'étage inférieur, dom Ribard nous dit : Je pourrois vous faire parcourir ici une autre galerie; mais comme elle est semblable à la première, nous allons passer outre, et suivre le corridor des études, que vous voyez en face. Les salles qui s'y trouvent étoient autant de chambres réservées aux religieux qui tomboient malades. A l'extrémité du corridor voisin, se trouve une assez vaste salle, formée de la réunion du réfectoire et de la cuisine destinés pareillement au service des religieux que leur santé dispensoit de l'abstinence, à laquelle nous étions soumis toute l'année.

Le bâtiment qui nous reste maintenant à parcourir, et qui s'étend jusqu'à l'église, sur une ligne parallèle à la grande façade, s'appeloit l'*hôtellerie*, parce qu'on y donnoit l'hospitalité aux étrangers. Ainsi les salles d'études

des élèves composant le petit collége, l'infirmerie actuelle, et les chambres des fonctionnaires qui habitent cette partie de la maison, étoient consacrées à cet usage. Quoiqu'il n'y eût aucune partie de l'ancien monastère qui portât le même nom, il est certain cependant que les étrangers y étoient reçus avec la même générosité. Tel étoit l'esprit des ordres religieux, et surtout du nôtre. L'appartement qu'occupe le censeur du Collége royal avoit été disposé pour recevoir monseigneur de Dillon, archevêque de Narbonne, qui fut le dernier abbé de Saint-Etienne. Ce prélat avoit manifesté l'intention de loger à l'Abbaye, lorsqu'il viendroit à Caen ; car il faut vous dire, Monsieur, que depuis l'année 1531, où elle fut donnée pour la première fois en commende par le roi François I$^{er}$ au cardinal de Tournon, elle y est toujours restée, et les abbés n'y ont fait que peu ou point de séjour. C'étoient pour, la plupart, d'illustres personnages, un Julien de Médicis, un Alexandre Farnèse, un Antoine de Bourbon, un Jules Mazarin, qui n'avoient guère avec l'Abbaye d'autres relations que d'en porter le titre et d'en toucher les revenus (1). Le dernier abbé régulier fut Pierre de Martigny, mort en 1531. Charles de Martigny, évêque de Castres, son oncle et son prédécesseur, avoit fait construire pour sa résidence une maison abbatiale, dont vous pouvez distinguer quelques restes dans ces vieux bâtiments qui s'étendent au bas de la cour, à gauche du moulin. On les désignoit dans le temps sous le nom de *logis neuf de l'évêque de Castres*. Les autres bâtiments que vous voyez en face de vous et à votre droite, formoient une grande partie de cet antique palais de Guillaume, tant vanté par les historiens. Hélas ! qui le soupçonneroit, répondis-je, à

---

(1) Les revenus de l'Abbaye se montoient, en 1774, à 192,000 livres, dont l'abbé recevoit les deux tiers.

l'aspect de ces débris informes? Il paroît, reprit dom Ribard, d'après la gravure qu'en a donné Ducarel dans ses *Antiquités*, que cet édifice étoit mieux conservé à l'époque de son voyage en Normandie (1752); moi-même je l'ai vu en meilleur état. Il a le sort de beaucoup de monuments curieux; il sert de magasin de vivres aux troupes de la garnison. Un autre bâtiment, connu sous le nom de *cuisine de Guillaume*, également dessiné par Ducarel, est tout-à-fait détruit : ce qui prouve que des changements notables ont eu lieu depuis les recherches de ce célèbre antiquaire. Encouragé par l'extrême complaisance de dom Ribard, je l'aurois prié de me faire examiner de plus près les restes défigurés de la demeure du Conquérant, si je n'avois été en position de les voir parfaitement des fenêtres de l'hôtellerie. Lors donc que j'eus assez arrêté mes regards sur ces tristes débris, qui éveillèrent en moi une foule de réflexions, nous continuâmes notre marche. L'escalier que nous suivîmes fixa mon attention par la richesse de sa rampe, où le fer se dessine de mille manières en rameaux flexibles, en fleurs élégantes, en spirales légères. C'est, nous dit dom Ribard, l'ouvrage d'un religieux qui avoit dans la maison un atelier de serrurerie. On estime que cette rampe coûterait aujourd'hui plus de 30,000 fr.

Des deux pièces que nous trouvâmes à droite au rez-de-chaussée, la première, reprit dom Ribard, étoit un salon de compagnie d'où l'on passoit dans la seconde, qui étoit la salle à manger. C'est là qu'on traitoit, avec tous les égards dus à leur rang, les étrangers qui venoient descendre à l'Abbaye. Je me souviens qu'en 1786, lors du voyage de l'infortuné Louis XVI au port de Cherbourg, un bon nombre d'officiers de sa suite ne dédaignèrent pas de partager le repas des Bénédictins. Vers la même époque, nous eûmes l'honneur de recevoir S. A. R. le duc d'Orléans, alors fort jeune, qui parcouroit la Normandie, accompagné de Mm®. de Genlis, sa gouvernante.

En revenant sur nos pas vers l'escalier, nous arrivâmes à une salle de forme ovale, qui est une des plus jolies de la maison. Elle servoit de parloir, comme à présent, nous dit dom Ribard, et quelquefois de salle à manger, lorsqu'il nous arrivoit de recevoir des dames; cette enceinte étant la limite rigoureuse qu'elles ne pouvoient dépasser. Pour nous elle sera le terme de cette visite ; car nous touchons au point d'où nous sommes partis. Quelque vaste qu'ait pu vous paroître cette Abbaye, il n'a pas dépendu des derniers religieux qu'elle ne le fût davantage. Lorsque nous la quittâmes, on travailloit encore, sinon à en étendre le plan primitif, du moins à en achever l'exécution, qui est restée imparfaite dans quelques endroits, comme vous l'avez remarqué sans doute. Telle qu'elle est, elle comprend une longueur de plus de 2,000 pieds d'appartements, distribués en trois corps-de-logis à deux étages ; tandis que le monastère de Guillaume, avec un plus grand nombre de bâtiments, mais à un seul étage, n'offroit qu'un développement d'environ 1,500 pieds. Je suis plus que jamais convaincu, répondis-je, que cet édifice est supérieur en magnificence, et surtout en bon goût, à celui qu'il remplace. Il porte, si je ne me trompe, le caractère du grand siècle auquel il appartient, et il ne lui manque que cette sanction du temps, que cette empreinte des âges, qui excite en nous un sentiment de respect presque aussi doux que l'admiration même : voilà ce que j'étois venu demander au monastère bâti par Guillaume-le-Conquérant, et ce que m'a fait éprouver le peu qui en reste ; quant à celui-ci qu'élevèrent les Bénédictins, je vous avoue que, vivement frappé de la beauté des détails, je me suis moins aperçu de ce qui peut manquer à l'ensemble. Je m'étonne seulement que la marche des travaux se soit ralentie depuis 1726 au point de présenter à peine, dans l'espace de plus d'un demi siècle, un résultat égal à celui des vingt premières années. Je présume, répondit dom Ribard, que les religieux, ayant une fois les parties principales de leurs bâtiments, se sont moins pressés d'y joindre les autres. Ainsi l'hôtellerie a été construite la dernière, et est restée la plus incomplète. D'un autre côté, leur nombre diminuant de jour en jour, le zèle des supérieurs moins porté vers cet objet, des fonds de réserve épuisés, peuvent encore avoir été les causes de cette lenteur en effet surprenante. Après que nous eûmes quitté cette maison, les administrations départementales l'occupèrent pendant environ quatorze ans. Les habitans de la ville se souviennent des fêtes brillantes données dans le parterre, et des illuminations de la grande façade. Enfin en 1804, sous l'administration et par les soins de M. le préfet Cafarelli, l'Abbaye fut rendue à une destination plus convenable. On y plaça le Lycée, qui a reçu le nom de Collége royal depuis 1814. Je fus appelé comme professeur à l'organisation de cet établissement. Plus tard j'en devins censeur. Voilà un an que j'ai cessé ces dernières fonctions, dont je conserve le titre dans un repos absolu, avant-coureur de celui que j'attends de la divine Providence, et que ne troubleront plus les révolutions humaines. Je souhaite avec tous vos amis, répondis-je, que ce terme soit encore bien éloigné, et j'espère que j'aurai le plaisir de vous revoir à un second voyage en France.

Hélas! je me trompois, et mes vœux devoient être impuissants... Dom Ribard mourut au mois d'octobre de l'année suivante (1827), à l'âge de 74 ans. L'image de ce vieillard vénérable est profondément gravée dans mon souvenir. Je n'oublierai jamais son air plein de bonté, son accueil obligeant, son extrême complaisance : l'idée de sa mort ne fait que rendre plus vifs les sentiments de reconnoissance, d'estime et d'affection qu'il avoit su m'inspirer. Je juge par mes regrets quels doivent être ceux de ses nombreux amis, et surtout de la famille de M. \*\*\*, à laquelle il paroissoit si sincèrement attaché. C'est pourquoi j'ai saisi, quoique étranger, l'occasion de rendre hommage à sa mémoire, en attachant son nom à celui d'un des plus beaux monuments de la ville de Caen et même de la Normandie.

1 I N.

# TABLE DES MATIÈRES.

## PREMIÈRE PARTIE.

Départ de Vire, page 1. — Accueil amical de M. *** à Caen, ib. — Visite à l'Abbaye de Saint-Etienne, 2. — Affabilité de dom Ribard, son portrait, 3. — Il expose le motif de la fondation des deux Abbayes de Caen, mariage illicite de Guillaume-le-Conquérant avec Mathilde de Flandres, ib. — Epoque précise de la construction de l'Abbaye, 5. — Lanfranc, 1er. abbé, dirige les travaux, Guillaume-de-Bonne-Ame les achève, ib. — Dédicace de l'église, dotation de l'Abbaye, ib. — Inspection de l'église, façade trop nue, hauteur des tours, deux sortes d'architecture, 6. — Aspect intérieur, majestueux, ib. — Chapelle *Halbout*, sa fondation, 7. — Le chœur, presque aussi long que la nef, d'une architecture différente, ib. — Zèle des Bénédictins pour l'entretien de leurs édifices, pompe de leurs cérémonies, dom Ribard s'attendrit à ce souvenir, 8. — Marbre avec inscription dans le sanctuaire, seul monument consacré à la mémoire de Guillaume-le-Conquérant, ib. — Anciens tombeaux, violés, détails à ce sujet, 9. — Funérailles de Guillaume, réclamation d'Asselin, ib. — Premier tombeau, élevé par Guillaume-le-Roux, mauvais style de l'épitaphe, 10. — Ouverture du tombeau de Guillaume-le-Conquérant, corps parfaitement conservé, inscription curieuse, 11. — Tableau exécuté à cette occasion, ib. — Ravages des protestants en 1562, ruine de l'Abbaye, 12. — Restes de Guillaume jetés hors de l'église, recueillis par un religieux, dispersés de nouveau, ib. — Un seul ossement sauvé, ib. — M. *** explique la conservation du corps de Guillaume dans le tombeau, 13. — Témoignage de M. de Bras à ce sujet, ib. — Restauration de l'Abbaye par Jean de Baillehache, érection d'un second tombeau, ib. — Translation des restes de Guillaume dans le sanctuaire, 14. — Pierre tumulaire arrachée en 1793, rétablie

www.ingramcontent.com/pod-product-compliance
Lightning Source LLC
LaVergne TN
LVHW020049090426
835510LV00040B/1644